신묘장구대다라니 사경

불교신행연구원
김 현 준   엮음

한량없는 세월동안 몸이나 물질로 보시한 공덕보다
경전을 사경하고 독송한 공덕이 훨씬 더 뛰어나니라

🌼 새벽숲

· 신묘장구대다라니 사경의 영험

참으로 신묘한 주문인 신묘장구대다라니의 갖춘 이름은 『천수천안관세음보살 광대원만무애대비심 다라니경』이며, 줄여서 '대비심다라니' 또는 '대비주' 라고도 합니다.

신묘장구대다라니를 써보십시오. 신묘장구대다라니를 손으로 쓰고 입으로 외우고 마음에 새기는 사경기도는 크나큰 성취를 안겨줍니다. 더욱이 『천수천안관세음보살 광대원만무애대비심 다라니경』에 의하면, "이 다라니를 의심없이 지속하고 사경하는 이는 모든 괴로움과 장애를 떠날 뿐 아니라, 소원 성취와 함께 무량한 복덕을 갖추게 된다."고 하였으며, 다음과 같은 열가지를 성취한다고 하였습니다.

"① 안락安樂을 얻고 ② 모든 병을 낫게 하고 ③ 수명을 얻어 오래 살고 ④ 풍요롭게 살고 ⑤ 모든 악업과 무거운 죄를 없애고 ⑥ 장애와 어려움을 멀리 여의게 하고 ⑦ 모든 청청한 법과 공덕이 늘어나고 ⑧ 온갖 선근善根을 성취하고 ⑨ 모든 두려움을 멀리 떠나며 ⑩ 희망하는 바와 소원하는 바를 능히 충족하고 성취한다."

따라서 이 다라니를 사경하고 독송하면 한량없는 가피가 저절로 찾아들고, 업장참회는 물론이요 쉽게 소원 성취를 할 수 있습니다. 이밖에도 다음과 같은 원의 성취를 바란다면 신묘장구대다라니를 사경해보십시오.

· 입시 등 각종 시험의 합격을 원할 때

· 개업 및 사업의 번창을 바랄 때

· 각종 병환·재앙·시비·구설수 등을 소멸시키고자 할 때

· 집안의 평안 및 평온하고 안정된 삶을 원할 때

· 각종 귀신 및 마구니의 재앙에서 벗어나고자 할 때

· 죽은 다음 극락에 왕생하고자 할 때

· 마음공부를 깊이 하고, 부처님의 대진리를 깨닫고자 할 때

이밖에도 신묘장구대다라니의 사경 영험은 이루 다 말할 수 없습니다.

특히 삼재三災에 든 사람이 신묘장구대다라니를 사경하면 삼재가 절대로 범접하지 못합니다. 기도나 사경을 즐기지 않는 사람이라 할지라도 삼재가 든 해에 하루 1번씩 매일매일 이 다라니를 사경하게 되면 재앙이 소멸됨은 물론이요, 오히려 좋은 일들까지 찾아듭니다.

주위를 둘러보면 삼재 때문에 부적을 사고 굿이나 살풀이를 하는 이들을 자주 보게 되는데, 이보다는 신묘장구대다라니를 하루 1편씩 사경하는 것이 훨씬 더 효과가 있습니다. 왜? 관세음보살과 호법신장들이 '나'를 지켜줄 뿐 아니라, 복되고 행복한 마음을 가질 수 있도록 해주기 때문입니다. 실제로 삼재에 든 분들께 신묘장구대다라니 사경을 시켜 보았더니 그 효과가 생각 이상으로 컸습니다. 하여, 삼재에 든 분들께 꼭 이 다라니를 사경하시기를 감히 권청합니다.

· 신묘장구대다라니 사경의 순서

① 먼저 3배를 올리고 삼귀의를 한 다음, 신묘장구대다라니 사경집을 펼치고 다음과 같은 기본적인 축원부터 세 번씩 발합니다.

- · 시방세계에 충만하신 불보살님이시여, 세세생생 지은 죄업 모두 참회합니다.
- · 이제 신묘장구대다라니를 사경하는 공덕을 선망조상과 일체 중생의 행복을 위해 바칩니다.
- · 아울러 저희 가족 모두가 늘 건강하옵고, 하는 일들이 다 순탄하여지이다.

② 이렇게 기본적인 축원을 한 다음, 꼭 성취되기를 바라는 일상의 소원들을 함께 축원하십시오. 예를 들면,

"대자대비하신 부처님, 관세음보살님. 가피를 내려 이 죄업 중생의 업장을 녹여주시옵고, · · · ·가 꼭 성취되게 하옵소서." (3번)

라고 합니다. 이 경우, 그 구체적인 소원들을 문장으로 만들어 9페이지의 **'신묘장구대다라니 사경발원문'** 난에 써놓고, 사경하기 전과 사경을 마친 다음 세 번씩 축원을 하면 좋습니다.

③ 축원을 한 다음 「개법장진언」 **'옴 아라남 아라다'** 를 세 번 염송하고, 이어 **'나무 천수천안관세음보살 광대원만무애대비심 다라니경'** 을 세 번 외웁니다. 이 제목이 다라니의 핵심내용을 함축하고 있고 공덕이 매우 크기 때문에 꼭 세 번씩 독송하기를 당부드리는 것입니다.

④ 사경을 할 때 바탕글씨와 똑같이 억지로 베껴 쓰는 분이 있는데, 바탕

글씨를 크게 벗어나지 않는 범위 내에서 자기 필체로 써도 무방합니다.

⑤ 그날 해야 할 사경을 마쳤으면 다시 스스로가 만든 '신묘장구대다라니 사경 발원문'을 세 번 읽고 3배를 드린 다음 사홍서원을 하고,

· 부처님, 관세음보살님. 감사합니다. 감사합니다. 감사합니다.
· 부처님과 관세음보살님을 잘 모시고 살겠습니다. 잘 모시고 살겠습니다. 잘 모시고 살겠습니다.
· 불법승 삼보를 잘 받들며 살겠습니다. 삼보를 잘 받들며 살겠습니다. 삼보를 잘 받들며 살겠습니다.

를 염하며 끝을 맺습니다.

· 사경 기간 및 횟수

① 이 사경집은 신묘장구대다라니를 50번 쓸 수 있도록 엮었습니다. 만약 아주 사소한 소원이라면 50번의 사경으로도 족하겠지만, 적어도 1백번을 쓰는 것이 좋고, 감히 권하고 싶은 횟수는 신묘장구대다라니를 1천번 사경하는 것입니다.

인쇄한 글씨 위에 억지로 덧입히며 쓰지 않고 자기 필체로 쓰게 되면 익숙해질 경우 한 번 사경에 보통 10분~15분 정도 걸리는데, 하루에 3번씩 쓰면 1년이 채 걸리지 않으며, 하루 10번씩 사경하면 백일 만에 1천 번을 쓸 수 있습니다. 또 삼재 등을 면하고자 하는 경우라면 삼재가 든 3년 동안 하루 1번씩만 사경을 해도 1천번 이상을 쓸 수 있습니다. 정

각자의 원력과 형편에 맞추어 적당히 나누어 쓰도록 하십시오. 단 불보살님과의 약속이니 지킬 수 있을 만큼 정하되, 너무 쉬운 쪽만은 택하지

않기를 바랍니다.

② 매일 쓰다가 부득이한 일이 발생하여 못 쓰게 될 경우가 있습니다. 그때는 꼭 부처님께 못 쓰게 된 사정을 고하면서, 마음속으로 **'다음 날 또는 사경 기간을 하루 더 연장하여 반드시 쓰겠다'** 고 약속하면 됩니다.

· 신묘장구대다라니의 뜻풀이

원래 다라니나 진언은 번역을 할 수 없는 것이 아니지만, 다라니 그 자체에 법계와 부처님의 불가사의한 힘이 깃들어 있다고 하여 해석을 하지 않는 경우가 많습니다. 그러나 관세음보살님의 대자비관을 익히고자 하는 분이라면 막연히 음만을 익히기보다는, 다라니 속에 깃든 뜻을 대충이라도 이해하고 사경 및 관을 하게 되면 훨씬 더 큰 가피를 입을 수 있습니다.

하여, 사경과 신행생활에 도움이 되었으면 하는 마음으로 신묘장구대다라니의 뜻을 간략하게 풀이하였고, 전통적인 풀이 방식에 따라 33문단으로 나누었습니다. 참고 하시기 바랍니다.

신묘장구대다라니

1. **나모라 다나다라 야야**: 삼보에 귀의하옵니다.
2. **나막알약 바로기제 새바라야 모지사다바야**: 성스러운 관세음보살님께 귀의하옵니다.
3. **마하사다바야 마하가로니가야**: 대보살님이시여, 대자비의 님이시여
4. **옴 살바 바예수 다라나 가라야**: 일체의 두려움을 없애주는 님이시여
5. **다사명 나막 까리다바 이맘알야 바로기제 새바라다바**: 귀의하오니 성관음이시여, 위신력을 나타내소서.

6. **니라간타 나막하리나야 마발다 이사미**: 청경靑頸 (푸른 목)을 갖게 된 그 마음에 귀의하오니

7. **살발타 사다남 수반 아예염**: 일체를 이롭게 하는 그 마음으로

8. **살바 보다남 바바말아 미수다감**: 윤회의 길을 청정하게 하옵소서.

9. **다냐타 옴 아로게 아로가 마지로가 지가란제**: 아, 온전한 광명과 지혜의 빛이 가득한 님이시여. 세간을 초월한 님이시여

10. **혜혜하례 마하모지 사다바**: 피안으로 인도하는 대보살님이시여

11. **사마라 사마라 하리나야**: 마음에 새기고 또 새기오니

12. **구로구로 갈마 사다야 사다야**: 꾸준히 업을 녹이고 능히 성취하게 하소서.

13. **도로도로 미연제 마하미연제**: 승리하고 승리하신 대승리자시여

14. **다라다라 다린 나례 새바라**: 저희를 지켜주소서. 이 대지의 주인이시여

15. **자라자라 마라 미마라 아마라 몰제**: 부정함을 없애주소서. 청정하고 원만한 님이시여

16. **예혜혜 로계 새바라**: 오소서, 오소서. 이 세간의 주인이시여

17-1. **라아 미사미 나사야**: 탐욕의 독을 없애주시고

17-2. **나베 사미사미 나사야**: 분노의 독을 없애주시고

17-3. **모하자라 미사미 나사야**: 어리석음의 독을 없애주소서.

18. **호로호로 마라호로 하례 바나마 나바**: 오, 대주재자시여. 연꽃의 마음을 가진 님이시여

19. **사라사라 시리시리 소로소로 못쟈못쟈 모다야 모다야**: 감로수를 베푸소서. 감로의 지혜 광명과 감로의 덕을 베풀어 저희를 깨닫게 하소서.

20~32까지는 관세음보살님의 다양한 역할과 권능에 따라 붙여진 12가지의 상징적인 의미를 내세우면서 성취를 기원하는 다라니입니다.

20. **매 다리야 니라간타**: 자애로운 청경관음靑頸觀音(목이 푸른 관음. 33관음 중 한 분) 이시여

21. 가마사 날사남 바라하라 나야 마낙 사바하: 쾌락과 욕망을 넘어선 님이시여, 성취하게 하소서.

22. 싯 다야 사바하: 성취하신 님이시여, 성취하게 하소서.

23. 마하싯 다야 사바하: 크게 성취하신 님이시여, 성취하게 하소서.

24. 싯다 유예 새바라야 사바하: 밝은 지혜 성취하신 관음이시여, 성취하게 하소서.

25. 니라간타야 사바하: 청경관음이시여, 성취하게 하소서.

26. 바라하 목카 싱하 목카야 사바하: 사자 같은 용맹을 지닌 님이시여, 성취하게 하소서.

27. 바나마 하따야 사바하: 연꽃을 든 관음이시여, 성취하게 하소서.

28. 자가라 욕다야 사바하: 대법륜을 굴리는 관음이시여, 성취하게 하소서.

29. 상카섭나녜 모다나야 사바하: 법라(법의 나팔)를 부는 관음이시여, 성취하게 하소서.

30. 마하라 구타다라야 사바하: 대금강저를 지닌 관음이시여, 성취하게 하소서.

31. 바마사간타 이사시체다 가릿나 이나야 사바하: 아미타불의 왼쪽에서 어둠을 물리치는 승리자시여, 성취하게 하소서.

32. 먀가라 잘마 이바사나야 사바하: 호피에 앉아 명상을 하는 관음이시여, 성취하게 하소서.

33. 나모라 다나다라 야야 나막알야 바로기제 새바라야 사바하(3번): 삼보와 성서로운 관세음보살님께 귀의하옵니다. 꼭 성취하게 하소서.

　　마음을 한 곳에 모아 자비심을 품고 사경을 하면 관세음보살님께서 천안으로 비추어 보고 천수로 어루만져 준다고 하였습니다. 여법히 잘 사경하시기를 두 손 모아 축원드립니다.

신묘장구대다라니 사경 발원문

개법장진언
開法藏眞言
옴 아라남 아라다(3번)

나무 천수천안관세음보살
광대원만무애대비심 다라니경(3번)

신묘장구대다라니

나모라 다나다라 야야
나막알약 바로기제 새바라야 모지사다바야
마하사다바야 마하가로니가야
옴 살바 바예수 다라나 가라야
다사명 나막까리다바 이맘알야 바로기제
새바라다바
니라간타 나막하리나야 마발다 이사미
살발타 사다남 수반 아예염
살바 보다남 바바말아 미수다감
다냐타 옴 아로게 아로가 마지로가 지가란제
혜혜하례 마하모지 사다바
사마라 사마라 하리나야
구로구로 갈마 사다야 사다야
도로도로 미연제 마하미연제
다라다라 다린 나례 새바라
자라자라 마라 미마라 아마라 몰제
예혜혜 로계 새바라   라아미사미 나사야

나베 사미사미 나사야
모하자라 미사미 나사야
호로호로 마라호로 하례 바나마 나바
사라사라 시리시리 소로소로 못쟈못쟈 모다
야 모다야 매다리야 니라간타
가마사 날사남 바라하라 나야 마낙 사바하
싯다야 사바하 마하싯다야 사바하
싯다유예 새바라야 사바하 니라간타야 사바하
바라하 목카 싱하 목카야 사바하
바나마 하따야 사바하 자가라 욕다야 사바하
상카섭나녜 모다나야 사바하
마하라 구타다라야 사바하
바마사간타 이사시체다 가릿나 이나야 사바하
먀가라 잘마 이바사나야 사바하
나모라 다나다라 야야 나막알야 바로기제
새바라야 사바하
나모라 다나다라 야야 나막알야 바로기제
새바라야 사바하
나모라 다나다라 야야 나막알야 바로기제
새바라야 사바하

신묘장구대다라니

나모라 다나다라 야야
나막알약 바로기제 새바라야 모지사다바야
마하사다바야 마하가로니가야
옴 살바 바예수 다라나 가라야
다사명 나막까리다바 이맘알야 바로기제
새바라다바
니라간타 나막하리나야 마발다 이사미
살발타 사다남 수반 아예염
살바 보다남 바바말아 미수다감
다냐타 옴 아로게 아로가 마지로가 지가란제
헤헤하례 마하모지 사다바
사마라 사마라 하리나야
구로구로 갈마 사다야 사다야
도로도로 미연제 마하미연제
다라다라 다린 나례 새바라
자라자라 마라 미마라 아마라 몰제
예혜혜 로계 새바라 라아미사미 나사야

나베 사미사미 나사야
모하자라 미사미 나사야
호로호로 마라호로 하례 바나마 나바
사라사라 시리시리 소로소로 못쟈못쟈 모다
야 모다야 매다리야 니라간타
가마사 날사남 바라하라 나야 마낙 사바하
싯다야 사바하 마하싯다야 사바하
싯다유예 새바라야 사바하 니라간타야 사바하
바라하 목카 싱하 목카야 사바하
바나마 하따야 사바하 자가라 욕다야 사바하
상카섭나녜 모다나야 사바하
마하라 구타다라야 사바하
바마사간타 이사시체다 가릿나 이나야 사바하
먀가라 잘마 이바사나야 사바하
나모라 다나다라 야야 나막알야 바로기제
새바라야 사바하
나모라 다나다라 야야 나막알야 바로기제
새바라야 사바하
나모라 다나다라 야야 나막알야 바로기제
새바라야 사바하

신묘장구대다라니

나모라 다나다라 야야

나막알약 바로기제 새바라야 모지사다바야

마하사다바야 마하가로니가야

옴 살바 바예수 다라나 가라야

다사명 나막까리다바 이맘알야 바로기제

새바라다바

니라간타 나막하리나야 마발다 이사미

살발타 사다남 수반 아예염

살바 보다남 바바말아 미수다감

다냐타 옴 아로게 아로가 마지로가 지가란제

혜혜하례 마하모지 사다바

사마라 사마라 하리나야

구로구로 갈마 사다야 사다야

도로도로 미연제 마하미연제

다라다라 다린 나례 새바라

자라자라 마라 미마라 아마라 몰제

예혜혜 로계 새바라 라아미사미 나사야

나베 사미사미 나사야
모하자라 미사미 나사야
호로호로 마라호로 하례 바나마 나바
사라사라 시리시리 소로소로 못쟈못쟈 모다
야 모다야   매다리야 니라간타
가마사 날사남 바라하라 나야 마낙 사바하
싯다야 사바하   마하싯다야 사바하
싯다유예 새바라야 사바하 니라간타야 사바하
바라하 목카 싱하 목카야 사바하
바나마 하따야 사바하 자가라 욕다야 사바하
상카섭나녜 모다나야 사바하
마하리 구타다라야 사바하
바마사간타 이사시췌다 가릿나 이나야 사바하
먀가라 잘마 이바사나야 사바하
나모라 다나다라 야야 나막알야 바로기제
새바라야 사바하
나모라 다나다라 야야 나막알야 바로기제
새바라야 사바하
나모라 다나다라 야야 나막알야 바로기제
새바라야 사바하

신묘장구대다라니

나모라 다나다라 야야

나막알약 바로기제 새바라야 모지사다바야

마하사다바야 마하가로니가야

옴 살바 바예수 다라나 가라야

다사명 나막까리다바 이맘알야 바로기제

새바라다바

니라간타 나막하리나야 마발다 이사미

살발타 사다남 수반 아예염

살바 보다남 바바말아 미수다감

다냐타 옴 아로게 아로가 마지로가 지가란제

혜혜하례 마하모지 사다바

사마라 사마라 하리나야

구로구로 갈마 사다야 사다야

도로도로 미연제 마하미연제

다라다라 다린 나례 새바라

자라자라 마라 미마라 아마라 몰제

예혜혜 로계 새바라 라아미사미 나사야

나베 사미사미 나사야
모하자리 미사미 나사야
호로호로 마라호로 하례 바나마 나바
사라사라 시리시리 소로소로 못쟈못쟈 모다
야 모다야 매다리야 니라간타
가마사 날사남 바라하라 나야 마낙 사바하
싯다야 사바하 마하싯다야 사바하
싯다유예 새바라야 사바하 니리간타야 사바하
바라하 목카 싱하 목카야 사바하
바나마 하따야 사바하 자가라 욕다야 사바하
상카섭나네 모다나야 사바하
마하라 구타다라야 사바하
바마사간타 이사시췌다 가릿나 이나야 사바하
먀가라 잘마 이바사나야 사바하
나모라 다나다라 야야 나막알야 바로기제
새바라야 사바하
나모라 다나다라 야야 나막알야 바로기제
새바라야 사바하
나모라 다나다라 야야 나막알야 바로기제
새바라야 사바하

신묘장구대다라니

나모라 다나다라 야야

나막알약 바로기제 새바라야 모지사다바야

마하사다바야 마하가로니가야

옴 살바 바예수 다라나 가라야

다사명 나막까리다바 이맘알야 바로기제

새바라다바

니라간타 나막하리나야 마발다 이사미

살발타 사다남 수반 아예염

살바 보다남 바바말아 미수다감

다냐타 옴 아로게 아로가 마지로가 지가란제

혜혜하례 마하모지 사다바

사마라 사마라 하리나야

구로구로 갈마 사다야 사다야

도로도로 미연제 마하미연제

다라다라 다린 나례 새바라

자라자라 마라 미마라 아마라 몰제

예혜혜 로계 새바라   라아미사미 나사야

나베 사미사미 나사야
모하자라 미사미 나사야
호로호로 마라호로 하례 바나마 나바
사라사라 시리시리 소로소로 못쟈못쟈 모다
야 모다야 매다리야 니라간타
가마사 날사남 바라하리 나야 마낙 사바하
싯다야 사바하 마하싯다야 사바하
싯다유예 새바라야 사바하 니라간타야 사바하
바라하 목카 싱하 목카야 사바하
바나마 하따야 사바하 자가라 욕다야 사바하
상카섭나녜 모다나야 사바하
마하라 구타다라야 사바하
바마사간타 이사시체다 가릿나 이나야 사바하
먀가라 잘마 이바사나야 사바하
나모라 다나다라 야야 나막알야 바로기제
새바라야 사바하
나모라 다나다라 야야 나막알야 바로기제
새바라야 사바하
나모라 다나다라 야야 나막알야 바로기제
새바라야 사바하

신묘장구대다라니

나모라 다나다라 야야
나막알약 바로기제 새바라야 모지사다바야
마하사다바야 마하가로니가야
옴 살바 바예수 다라나 가라야
다사명 나막까리다바 이맘알야 바로기제
새바라다바
니라간타 나막하리나야 마발다 이사미
살발타 사다남 수반 아예염
살바 보다남 바바말아 미수다감
다냐타 옴 아로게 아로가 마지로가 지가란제
혜혜하례 마하모지 사다바
사마라 사마라 하리나야
구로구로 갈마 사다야 사다야
도로도로 미연제 마하미연제
다라다라 다린 나례 새바라
자라자라 마라 미마라 아마라 몰제
예혜혜 로계 새바라 라아미사미 나사야

나베 사미사미 나사야
모하자라 미사미 나사야
호로호로 마라호로 하례 바나마 나바
사라사라 시리시리 소로소로 못쟈못쟈 모다
야 모다야 매다리야 니라간타
가마사 날사남 바라하라 나야 마낙 사바하
싯다야 사바하 마하싯다야 사바하
싯다유예 새바라야 사바하 니라간타야 사바하
바라하 목카 싱하 목카야 사바하
바나마 하따야 사바하 자가라 욕다야 사바하
상카섭나녜 모다나야 사바하
마하라 구타다라야 사바하
바마사간타 이사시쳬다 가릿나 이나야 사바하
먀가라 잘마 이바사나야 사바하
나모라 다나다라 야야 나막알야 바로기제
새바라야 사바하
나모라 다나다라 야야 나막알야 바로기제
새바라야 사바하
나모라 다나다라 야야 나막알야 바로기제
새바라야 사바하

신묘장구대다라니

나모라 다나다라 야야

나막알약 바로기제 새바라야 모지사다바야

마하사다바야 마하가로니가야

옴 살바 바예수 다라나 가라야

다사명 나막까리다바 이맘알야 바로기제
새바라다바

니라간타 나막하리나야 마발다 이사미

살발타 사다남 수반 아예염

살바 보다남 바바말아 미수다감

다냐타 옴 아로게 아로가 마지로가 지가란제

혜혜하례 마하모지 사다바

사마라 사마라 하리나야

구로구로 갈마 사다야 사다야

도로도로 미연제 마하미연제

다라다라 다린 나례 새바라

자라자라 마라 미마라 아마라 몰제

예혜혜 로계 새바라 라아미사미 나사야

나베 사미사미 나사야
모하자라 미사미 나사야
호로호로 마라호로 하례 바나마 나바
사라사라 시리시리 소로소로 못쟈못쟈 모다
야 모다야   매다리야 니라간타
가마사 날사남 바라하라 나야 마낙 사바하
싯다야 사바하   마하싯다야 사바하
싯다유예 새바라야 사바하 니라간타야 사바하
바라하 목카 싱하 목카야 사바하
바나마 하따야 사바하   자가리 욕다야 사바하
상카섭나녜 모다나야 사바하
마하라 구타다라야 사바하
바마사간타 이사시췌다 가릿나 이나야 사바하
먀가라 잘마 이바사나야 사바하
나모라 다나다라 야야 나막알야 바로기제
새바라야 사바하
나모라 다나다라 야야 나막알야 바로기제
새바라야 사바하
나모라 다나다라 야야 나막알야 바로기제
새바라야 사바하

신묘장구대다라니

나모라 다나다라 야야
나막알약 바로기제 새바라야 모지사다바야
마하사다바야 마하가로니가야
옴 살바 바예수 다라나 가라야
다사명 나막까리다바 이맘알야 바로기제
새바라다바
니라간타 나막하리나야 마발다 이사미
살발타 사다남 수반 아예염
살바 보다남 바바말아 미수다감
다냐타 옴 아로게 아로가 마지로가 지가란제
혜혜하례 마하모지 사다바
사마라 사마라 하리나야
구로구로 갈마 사다야 사다야
도로도로 미연제 마하미연제
다라다라 다린 나례 새바라
자라자라 마라 미마라 아마라 몰제
예혜혜 로계 새바라   라아미사미 나사야

나베 사미사미 나사야
모하자라 미사미 나사야
호로호로 마라호로 하례 바나마 나바
사라사라 시리시리 소로소로 못쟈못쟈 모다
야 모다야   매다리야 니라간타
가마사 날사남 바라하라 나야 마낙 사바하
싯다야 사바하   마하싯다야 사바하
싯다유예 새바라야 사바하 니라간타야 사바하
바라하 목카 싱하 목카야 사바하
바나마 하따야 사바하   자가라 욕다야 사바하
상카섭나녜 모다나야 사바하
마하라 구타다라야 사바하
바마사간타 이사시체다 가릿나 이나야 사바하
먀가라 잘마 이바사나야 사바하
나모라 다나다라 야야 나막알야 바로기제
새바라야 사바하
나모라 다나다라 야야 나막알야 바로기제
새바라야 사바하
나모라 다나다라 야야 나막알야 바로기제
새바라야 사바하

신묘장구대다라니

나모라 다나다라 야야
나막알약 바로기제 새바라야 모지사다바야
마하사다바야 마하가로니가야
옴 살바 바예수 다라나 가라야
다사명 나막까리다바 이맘알야 바로기제
새바라다바
니라간타 나막하리나야 마발다 이사미
살발타 사다남 수반 아예염
살바 보다남 바바말아 미수다감
다냐타 옴 아로게 아로가 마지로가 지가란제
혜혜하례 마하모지 사다바
사마라 사마라 하리나야
구로구로 갈마 사다야 사다야
도로도로 미연제 마하미연제
다라다라 다린 나례 새바라
자라자라 마라 미마라 아마라 몰제
예혜혜 로계 새바라 라아미사미 나사야

나베 사미사미 나사야
모하자라 미사미 나사야
호로호로 마라호로 하례 바나마 나바
사라사라 시리시리 소로소로 못쟈못쟈 모다
야 모다야   매다리야 니라간타
가마사 날사남 바라하리 나야 마낙 사바하
싯다야 사바하   마하싯다야 사바하
싯다유예 새바라야 사바하 니라간타야 사바하
바라하 목카 싱하 목카야 사바하
바나마 하따야 사바하   자가라 욕다야 사바하
상카섭나녜 모다나야 사바하
마하라 구타다라야 사바하
바마사간타 이사시쳬다 가릿나 이나야 사바하
먀가라 잘마 이바사나야 사바하
나모라 다나다라 야야 나막알야 바로기제
새바라야 사바하
나모라 다나다라 야야 나막알야 바로기제
새바라야 사바하
나모라 다나다라 야야 나막알야 바로기제
새바라야 사바하

신묘장구대다라니

나모라 다나다라 야야

나막알약 바로기제 새바라야 모지사다바야

마하사다바야 마하가로니가야

옴 살바 바예수 다라나 가라야

다사명 나막까리다바 이맘알야 바로기제
새바라다바

니라간타 나막하리나야 마발다 이사미

살발타 사다남 수반 아예염

살바 보다남 바바말아 미수다감

다냐타 옴 아로계 아로가 마지로가 지가란제

혜혜하례 마하모지 사다바

사마라 사마라 하리나야

구로구로 갈마 사다야 사다야

도로도로 미연제 마하미연제

다라다라 다린 나례 새바라

자라자라 마라 미마라 아마라 몰제

예혜혜 로계 새바라   라아미사미 나사야

나베 사미사미 나사야
모하자라 미사미 나사야
호로호로 마라호로 하례 바나마 나바
사라사라 시리시리 소로소로 못쟈못쟈 모다
야 모다야 매다리야 니라간타
가마사 날사남 바라하리 나야 마낙 사바하
싯다야 사바하 마하싯다야 사바하
싯다유예 새바라야 사바하 니라간타야 사바하
바라하 목카 싱하 목카야 사바하
바나마 하따야 사바하 자가라 욕다야 사바하
상카섭나녜 모다나야 사바하
마하라 구타다라야 사바하
바마사간타 이사시체다 가릿나 이나야 사바하
먀가라 잘마 이바사나야 사바하
나모라 다나다라 야야 나막알야 바로기제
새바라야 사바하
나모라 다나다라 야야 나막알야 바로기제
새바라야 사바하
나모라 다나다라 야야 나막알야 바로기제
새바라야 사바하

신묘장구대다라니

나모라 다나다라 야야

나막알약 바로기제 새바라야 모지사다바야

마하사다바야 마하가로니가야

옴 살바 바예수 다라나 가라야

다사명 나막까리다바 이맘알야 바로기제

새바라다바

니라간타 나막하리나야 마발다 이사미

살발타 사다남 수반 아예염

살바 보다남 바바말아 미수다감

다냐타 옴 아로게 아로가 마지로가 지가란제

헤헤하례 마하모지 사다바

사마라 사마라 하리나야

구로구로 갈마 사다야 사다야

도로도로 미연제 마하미연제

다라다라 다린 나례 새바라

자라자라 마라 미마라 아마라 몰제

예혜혜 로계 새바라 라아미사미 나사야

나베 사미사미 나사야
모하자라 미사미 나사야
호로호로 마라호로 하례 바나마 나바
사라사라 시리시리 소로소로 못쟈못쟈 모다
야 모다야   매다리야 니라간타
가마사 날사남 바라하라 나야 마낙 사바하
싯다야 사바하   마하싯다야 사바하
싯다유예 새바라야 사바하 니라간타야 사바하
바라하 목카 싱하 목카야 사바하
바나마 하따야 사바하 자가라 욕다야 사바하
상카섭나녜 모다나야 사바하
마하라 구타다라야 사바하
바마사간타 이사시체다 가릿나 이나야 사바하
먀가라 잘마 이바사나야 사바하
나모라 다나다라 야야 나막알야 바로기제
새바라야 사바하
나모라 다나다라 야야 나막알야 바로기제
새바라야 사바하
나모라 다나다라 야야 나막알야 바로기제
새바라야 사바하

신묘장구대다라니

나모라 다나다라 야야

나막알약 바로기제 새바라야 모지사다바야

마하사다바야 마하가로니가야

옴 살바 바예수 다라나 가라야

다사명 나막까리다바 이맘알야 바로기제

새바라다바

니라간타 나막하리나야 마발다 이사미

살발타 사다남 수반 아예염

살바 보다남 바바말아 미수다감

다냐타 옴 아로게 아로가 마지로가 지가란제

혜혜하례 마하모지 사다바

사마라 사마라 하리나야

구로구로 갈마 사다야 사다야

도로도로 미연제 마하미연제

다라다라 다린 나례 새바라

자라자라 마라 미마라 아마라 몰제

예혜혜 로계 새바라 라아미사미 나사야

나베 사미사미 나사야
모하자라 미사미 나사야
호로호로 마라호로 하례 바나마 나바
사라사라 시리시리 소로소로 못쟈못쟈 모다
야 모다야 매다리야 니라간타
가마사 날사남 바라하리 나야 마낙 사바하
싯다야 사바하 마하싯다야 사바하
싯다유예 새바라야 사바하 니라간타야 사바하
바라하 목카 싱하 목카야 사바하
바나마 하따야 사바하 자가라 욕다야 사바하
상카섭나녜 모다나야 사바하
마하라 구타다라야 사바하
바마사간타 이사시체다 가릿나 이나야 사바하
먀가라 잘마 이바사나야 사바하
나모라 다나다라 야야 나막알야 바로기제
새바라야 사바하
나모라 다나다라 야야 나막알야 바로기제
새바라야 사바하
나모라 다나다라 야야 나막알야 바로기제
새바라야 사바하

신묘장구대다라니

나모라 다나다라 야야
나막알약 바로기제 새바라야 모지사다바야
마하사다바야 마하가로니가야
옴 살바 바예수 다라나 가라야
다사명 나막까리다바 이맘알야 바로기제
새바라다바
니라간타 나막하리나야 마발다 이사미
살발타 사다남 수반 아예염
살바 보다남 바바말아 미수다감
다냐타 옴 아로게 아로가 마지로가 지가란제
혜혜하례 마하모지 사다바
사마라 사마라 하리나야
구로구로 갈마 사다야 사다야
도로도로 미연제 마하미연제
다라다라 다린 나례 새바라
자라자라 마라 미마라 아마라 몰제
예혜혜 로계 새바라 라아미사미 나사야

나베 사미사미 나사야
모하자라 미사미 나사야
호로호로 마라호로 하레 바나마 나바
사라사라 시리시리 소로소로 못쟈못쟈 모다
야 모다야   매다리야 니라간타
가마사 날사남 바라하라 나야 마낙 사바하
싯다야 사바하   마하싯다야 사바하
싯다유예 새바라야 사바하   니라간타야 사바하
바라하 목카 싱하 목카야 사바하
바나마 하따야 사바하   자가라 욕다야 사바하
상카섭나네 모다나야 사바하
마하리 구타다리야 사바하
바마사간타 이사시체다 가릿나 이나야 사바하
먀가라 잘마 이바사나야 사바하
나모라 다나다라 야야 나막알야 바로기제
새바라야 사바하
나모라 다나다라 야야 나막알야 바로기제
새바라야 사바하
나모라 다나다라 야야 나막알야 바로기제
새바라야 사바하

신묘장구대다라니

나모라 다나다라 야야
나막알약 바로기제 새바라야 모지사다바야
마하사다바야 마하가로니가야
옴 살바 바예수 다라나 가라야
다사명 나막까리다바 이맘알야 바로기제
새바라다바
니라간타 나막하리나야 마발다 이사미
살발타 사다남 수반 아예염
살바 보다남 바바말아 미수다감
다냐타 옴 아로게 아로가 마지로가 지가란제
혜혜하례 마하모지 사다바
사마라 사마라 하리나야
구로구로 갈마 사다야 사다야
도로도로 미연제 마하미연제
다라다라 다린 나례 새바라
자라자라 마라 미마라 아마라 몰제
예혜혜 로계 새바라   라아미사미 나사야

나베 사미사미 나사야
모하자라 미사미 나사야
호로호로 마라호로 하례 바나마 나바
사라사라 시리시리 소로소로 못쟈못쟈 모다
야 모다야   매다리야 니라간타
가마사 날사남 바라하리 나야 마낙 사바하
싯다야 사바하   마하싯다야 사바하
싯다유예 새바라야 사바하   니라간타야 사바하
바라하 목차 싱하 목카야 사바하
바나마 하따야 사바하   자가라 욕다야 사바하
상카섭나녜 모다나야 사바하
마하라 구타다라야 사바하
바마사간타 이사시체다 가릿나 이나야 사바하
먀가라 잘마 이바사나야 사바하
나모라 다나다라 야야 나막알야 바로기제
새바라야 사바하
나모라 다나다라 야야 나막알야 바로기제
새바라야 사바하
나모라 다나다라 야야 나막알야 바로기제
새바라야 사바하

신묘장구대다라니

나모라 다나다라 야야

나막알약 바로기제 새바라야 모지사다바야

마하사다바야 마하가로니가야

옴 살바 바예수 다라나 가라야

다사명 나막까리다바 이맘알야 바로기제

새바라다바

니라간타 나막하리나야 마발다 이사미

살발타 사다남 수반 아예염

살바 보다남 바바말아 미수다감

다냐타 옴 아로게 아로가 마지로가 지가란제

혜혜하례 마하모지 사다바

사마라 사마라 하리나야

구로구로 갈마 사다야 사다야

도로도로 미연제 마하미연제

다라다라 다린 나례 새바라

자라자라 마라 미마라 아마라 몰제

예혜혜 로계 새바라   라아미사미 나사야

나베 사미사미 나사야
모하자라 미사미 나사야
호로호로 마라호로 하례 바나마 나바
사라사라 시리시리 소로소로 못쟈못쟈 모다
야 모다야 · 매다리야 니라간타
가마사 날사남 바라하라 나야 마낙 사바하
싯다야 사바하   마하싯다야 사바하
싯다유예 새바라야 사바하 니라간타야 사바하
바라하 목카 싱하 목카야 사바하
바나마 하따야 사바하 자가라 욕다야 사바하
상카섭나녜 모다나야 사바하
마하리 구타다라야 사바하
바마사간타 이사시체다 가릿나 이나야 사바하
먀가라 잘마 이바사나야 사바하
나모라 다나다라 야야 나막알야 바로기제
새바라야 사바하
나모라 다나다라 야야 나막알야 바로기제
새바라야 사바하
나모라 다나다라 야야 나막알야 바로기제
새바라야 사바하

신묘장구대다라니

나모라 다나다라 야야

나막알약 바로기제 새바라야 모지사다바야

마하사다바야 마하가로니가야

옴 살바 바예수 다라나 가라야

다사명 나막까리다바 이맘알야 바로기제

새바라다바

니라간타 나막하리나야 마발다 이사미

살발타 사다남 수반 아예염

살바 보다남 바바말아 미수다감

다냐타 옴 아로게 아로가 마지로가 지가란제

혜혜하례 마하모지 사다바

사마라 사마라 하리나야

구로구로 갈마 사다야 사다야

도로도로 미연제 마하미연제

다라다라 다린 나례 새바라

자라자라 마라 미마라 아마라 몰제

예혜혜 로계 새바라 라아미사미 나사야

나베 사미사미 나사야
모하자리 미사미 나사야
호로호로 마라호로 하례 바나마 나바
사라사라 시리시리 소로소로 못쟈못쟈 모다
야 모다야 매다리야 니라간타
가마사 날사남 바라하리 나야 마낙 사바하
싯다야 사바하 마하싯다야 사바하
싯다유예 새바라야 사바하 니라간타야 사바하
바라하 목카 싱하 목카야 사바하
바나마 하따야 사바하 자가라 욕다야 사바하
상카섭나네 모다나야 사바하
마하라 구타다라야 사바하
바마사간타 이사시체다 가릿나 이나야 사바하
먀가라 잘마 이바사나야 사바하
나모라 다나다라 야야 나막알야 바로기제
새바라야 사바하
나모라 다나다라 야야 나막알야 바로기제
새바라야 사바하
나모라 다나다라 야야 나막알야 바로기제
새바라야 사바하

신묘장구대다라니

나모라 다나다라 야야

나막알약 바로기제 새바라야 모지사다바야

마하사다바야 마하가로니가야

옴 살바 바예수 다라나 가라야

다사명 나막까리다바 이맘알야 바로기제

새바라다바

니라간타 나막하리나야 마발다 이사미

살발타 사다남 수반 아예염

살바 보다남 바바말아 미수다감

다냐타 옴 아로게 아로가 마지로가 지가란제

혜혜하례 마하모지 사다바

사마라 사마라 하리나야

구로구로 갈마 사다야 사다야

도로도로 미연제 마하미연제

다라다라 다린 나례 새바라

자라자라 마라 미마라 아마라 몰제

예혜혜 로제 새바라 라아미사미 나사야

나베 사미사미 나사야
모하자라 미사미 나사야
호로호로 마라호로 하례 바나마 나바
사라사라 시리시리 소로소로 못쟈못쟈 모다
야 모다야   매다리야 니라간타
가마사 날사남 바락하리 나야 마낙 사바하
싯다야 사바하   마하싯다야 사바하
싯다유예 새바라야 사바하 니라간타야 사바하
바라하 목카 싱하 목카야 사바하
바나마 하따야 사바하 자가라 욕다야 사바하
상카섭나녜 모다나야 사바하
마하라 구타다라야 사바하
바마사간타 이사시쳬다 가릿나 이나야 사바하
먀가라 잘마 이바사나야 사바하
나모라 다나다라 야야 나막알야 바로기제
새바라야 사바하
나모라 다나다라 야야 나막알야 바로기제
새바라야 사바하
나모라 다나다라 야야 나막알야 바로기제
새바라야 사바하

신묘장구대다라니

나모라 다나다라 야야

나막알약 바로기제 새바라야 모지사다바야

마하사다바야 마하가로니가야

옴 살바 바예수 다라나 가라야

다사명 나막까리다바 이맘알야 바로기제

새바라다바

니라간타 나막하리나야 마발다 이사미

살발타 사다남 수반 아예염

살바 보다남 바바말아 미수다감

다냐타 옴 아로계 아로가 마지로가 지가란제

혜혜하례 마하모지 사다바

사마라 사마라 하리나야

구로구로 갈마 사다야 사다야

도로도로 미연제 마하미연제

다라다라 다린 나례 새바라

자라자라 마라 미마라 아마라 몰제

예혜혜 로계 새바라   라아미사미 나사야

나베 사미사미 나사야
모하자리 미사미 나사야
호로호로 마라호로 하례 바나마 나바
사라사라 시리시리 소로소로 못쟈못쟈 모다
야 모다야 매다리야 니라간타
가마사 날사남 바라하라 나야 마낙 사바하
싯다야 사바하 마하싯다야 사바하
싯다유예 새바라야 사바하 니라간타야 사바하
바라하 목카 싱하 목카야 사바하
바나마 하따야 사바하 자가라 욕다야 사바하
상카섭나네 모다나야 사바하
마하라 구타다리야 사바하
바마사간타 이사시체다 가릿나 이나야 사바하
먀가라 잘마 이바사나야 사바하
나모라 다나다라 야야 나막알야 바로기제
새바라야 사바하
나모라 다나다라 야야 나막알야 바로기제
새바라야 사바하
나모라 다나다라 야야 나막알야 바로기제
새바라야 사바하

신묘장구대다라니

나모라 다나다라 야야

나막알약 바로기제 새바라야 모지사다바야

마하사다바야 마하가로니가야

옴 살바 바예수 다라나 가라야

다사명 나막까리다바 이맘알야 바로기제

새바라다바

니라간타 나막하리나야 마발다 이사미

살발타 사다남 수반 아예염

살바 보다남 바바말아 미수다감

다냐타 옴 아로게 아로가 마지로가 지가란제

혜혜하례 마하모지 사다바

사마라 사마라 하리나야

구로구로 갈마 사다야 사다야

도로도로 미연제 마하미연제

다라다라 다린 나례 새바라

자라자라 마라 미마라 아마라 몰제

예혜혜 로계 새바라   라아미사미 나사야

나베 사미사미 나사야
모하자라 미사미 나사야
호로호로 마라호로 하례 바나마 나바
사라사라 시리시리 소로소로 못쟈못쟈 모다
야 모다야   매다리야 니라간타
가마사 날사남 바라하리 나야 마낙 사바하
싯다야 사바하   마하싯다야 사바하
싯다유예 새바라야 사바하   니라간타야 사바하
바라하 목카 싱하 목카야 사바하
바나마 하따야 사바하   자가라 욕다야 사바하
상카섭나네 모다나야 사바하
마하라 구타다라야 사바하
바마사간타 이사시체다 가릿나 이나야 사바하
먀가라 잘마 이바사나야 사바하
나모라 다나다라 야야 나막알야 바로기제
새바라야 사바하
나모라 다나다라 야야 나막알야 바로기제
새바라야 사바하
나모라 다나다라 야야 나막알야 바로기제
새바라야 사바하

신묘장구대다라니

나모라 다나다라 야야

나막알약 바로기제 새바라야 모지사다바야

마하사다바야 마하가로니가야

옴 살바 바예수 다라나 가라야

다사명 나막까리다바 이맘알야 바로기제

새바라다바

니라간타 나막하리나야 마발다 이사미

살발타 사다남 수반 아예염

살바 보다남 바바말아 미수다감

다냐타 옴 아로게 아로가 마지로가 지가란제

헤헤하례 마하모지 사다바

사마라 사마라 하리나야

구로구로 갈마 사다야 사다야

도로도로 미연제 마하미연제

다라다라 다린 나례 새바라

자라자라 마라 미마라 아마라 몰제

예헤헤 로계 새바라 라아미사미 나사야

나베 사미사미 나사야
모하자리 미사미 나사야
호로호로 마라호로 하례 바나마 나바
사라사라 시리시리 소로소로 못쟈못쟈 모다
야 모다야   매다리야 니라간타
가마사 날사남 바라하라 나야 마낙 사바하
싯다야 사바하   마하싯다야 사바하
싯다유예 새바라야 사바하 니라간타야 사바하
바라하 목카 싱하 목카야 사바하
바나마 하따야 사바하 자가라 욕다야 사바하
상카섭나네 모다나야 사바하
마하라 구타다라야 사바하
바마사간타 이사시체다 가릿나 이나야 사바하
먀가라 잘마 이바사나야 사바하
나모라 다나다라 야야 나막알야 바로기제
새바라야 사바하
나모라 다나다라 야야 나막알야 바로기제
새바라야 사바하
나모라 다나다라 야야 나막알야 바로기제
새바라야 사바하

신묘장구대다라니

나모라 다나다라 야야

나막알약 바로기제 새바라야 모지사다바야

마하사다바야 마하가로니가야

옴 살바 바예수 다라나 가라야

다사명 나막까리다바 이맘알야 바로기제

새바라다바

니라간타 나막하리나야 마발다 이사미

살발타 사다남 수반 아예염

살바 보다남 바바말아 미수다감

다냐타 옴 아로게 아로가 마지로가 지가란제

혜혜하례 마하모지 사다바

사마라 사마라 하리나야

구로구로 갈마 사다야 사다야

도로도로 미연제 마하미연제

다라다라 다린 나례 새바라

자라자라 마라 미마라 아마라 몰제

예혜혜 로계 새바라   라아미사미 나사야

나베 사미사미 나사야
모하자라 미사미 나사야
호로호로 마라호로 하례 바나마 나바
사라사라 시리시리 소로소로 못쟈못쟈 모다
야 모다야   매다리야 니라간타
가마사 날사남 바라하라 나야 마낙 사바하
싯다야 사바하   마하싯다야 사바하
싯다유예 새바라야 사바하 니라간타야 사바하
바라하 목카 싱하 목카야 사바하
바나마 하따야 사바하 자가라 욕다야 사바하
상카섭나네 모다나야 사바하
마하라 구라다라야 사바하
바마사간타 이사시케다 가릿나 이나야 사바하
먀가라 잘마 이바사나야 사바하
나모라 다나다라 야야 나막알야 바로기제
새바라야 사바하
나모라 다나다라 야야 나막알야 바로기제
새바라야 사바하
나모라 다나다라 야야 나막알야 바로기제
새바라야 사바하

신묘장구대다라니

나모라 다나다라 야야
나막알약 바로기제 새바라야 모지사다바야
마하사다바야 마하가로니가야
옴 살바 바예수 다라나 가라야
다사명 나막까리다바 이맘알야 바로기제
새바라다바
니라간타 나막하리나야 마발다 이사미
살발타 사다남 수반 아예염
살바 보다남 바바말아 미수다감
다냐타 옴 아로게 아로가 마지로가 지가란제
혜혜하례 마하모지 사다바
사마라 사마라 하리나야
구로구로 갈마 사다야 사다야
도로도로 미연제 마하미연제
다라다라 다린 나례 새바라
자라자라 마라 미마라 아마라 몰제
예혜혜 로계 새바라   라아미사미 나사야

나베 사미사미 나사야
모하자라 미사미 나사야
호로호로 마라호로 하레 바나마 나바
사라사라 시리시리 소로소로 못쟈못쟈 모다
야 모다야   매다리야 니라간타
가마사 날사남 바라하라 나야 마낙 사바하
싯다야 사바하   마하싯다야 사바하
싯다유예 새바라야 사바하 니라간타야 사바하
바라하 목카 싱하 목카야 사바하
바나마 하따야 사바하   자가라 욕다야 사바하
상카섭나녜 모다나야 사바하
마하라 구타다리야 사바하
바마사간타 이사시췌다 가릿나 이나야 사바하
먀가라 잘마 이바사나야 사바하
나모라 다나다라 야야 나막알야 바로기제
새바라야 사바하
나모라 다나다라 야야 나막알야 바로기제
새바라야 사바하
나모라 다나다라 야야 나막알야 바로기제
새바라야 사바하

신묘장구대다라니

나모라 다나다라 야야

나막알약 바로기제 새바라야 모지사다바야

마하사다바야 마하가로니가야

옴 살바 바예수 다라나 가라야

다사명 나막까리다바 이맘알야 바로기제
새바라다바

니라간타 나막하리나야 마발다 이사미

살발타 사다남 수반 아예염

살바 보다남 바바말아 미수다감

다냐타 옴 아로게 아로가 마지로가 지가란제

혜혜하례 마하모지 사다바

사마라 사마라 하리나야

구로구로 갈마 사다야 사다야

도로도로 미연제 마하미연제

다라다라 다린 나례 새바라

자라자라 마라 미마라 아마라 몰제

예혜혜 로계 새바라   라아미사미 나사야

나베 사미사미 나사야
모하자라 미사미 나사야
호로호로 마라호로 하레 바나마 나바
사라사라 시리시리 소로소로 못쟈못쟈 모다
야 모다야 매다리야 니라간타
가마사 날사남 바라하리 나야 마낙 사바하
싯다야 사바하 마하싯다야 사바하
싯다유예 새바라야 사바하 니라간타야 사바하
바라하 목카 싱하 목카야 사바하
바나마 하따야 사바하 자가라 욕다야 사바하
상카섭나녜 모다나야 사바하
마하라 구타다라야 사바하
바마사간타 이사시체다 가릿나 이나야 사바하
먀가라 잘마 이바사나야 사바하
나모라 다나다라 야야 나막알야 바로기제
새바라야 사바하
나모라 다나다라 야야 나막알야 바로기제
새바라야 사바하
나모라 다나다라 야야 나막알야 바로기제
새바라야 사바하

신묘장구대다라니

나모라 다나다라 야야
나막알약 바로기제 새바라야 모지사다바야
마하사다바야 마하가로니가야
옴 살바 바예수 다라나 가라야
다사명 나막까리다바 이맘알야 바로기제
새바라다바
니라간타 나막하리나야 마발다 이사미
살발타 사다남 수반 아예염
살바 보다남 바바말아 미수다감
다냐타 옴 아로게 아로가 마지로가 지가란제
혜혜하례 마하모지 사다바
사마라 사마라 하리나야
구로구로 갈마 사다야 사다야
도로도로 미연제 마하미연제
다라다라 다린 나례 새바라
자라자라 마라 미마라 아마라 몰제
예혜혜 로계 새바라 라아미사미 나사야

나베 사미사미 나사야
모하자라 미사미 나사야
호로호로 마라호로 하레 바나마 나바
사라사라 시리시리 소로소로 못쟈못쟈 모다
야 모다야   매다리야 니라간타
가마사 날사남 바라하라 나야 마낙 사바하
싯다야 사바하   마하싯다야 사바하
싯다유예 새바라야 사바하 니라간타야 사바하
바라하 목카 싱하 목카야 사바하
바나마 하따야 사바하 자가라 욕다야 사바하
상카섭나녜 모다나야 사바하
마하리 구타다리야 사바하
바마사간타 이사시췌다 가릿나 이나야 사바하
먀가라 잘마 이바사나야 사바하
나모라 다나다라 야야 나막알야 바로기제
새바라야 사바하
나모라 다나다라 야야 나막알야 바로기제
새바라야 사바하
나모라 다나다라 야야 나막알야 바로기제
새바라야 사바하

신묘장구대다라니

나모라 다나다라 야야

나막알약 바로기제 새바라야 모지사다바야

마하사다바야 마하가로니가야

옴 살바 바예수 다라나 가라야

다사명 나막까리다바 이맘알야 바로기제

새바라다바

니라간타 나막하리나야 마발다 이사미

살발타 사다남 수반 아예염

살바 보다남 바바말아 미수다감

다냐타 옴 아로게 아로가 마지로가 지가란제

헤헤하례 마하모지 사다바

사마라 사마라 하리나야

구로구로 갈마 사다야 사다야

도로도로 미연제 마하미연제

다라다라 다린 나례 새바라

자라자라 마라 미마라 아마라 몰제

예혜혜 로계 새바라   라아미사미 나사야

나베 사미사미 나사야
모하자리 미사미 나사야
호로호로 마라호로 하례 바나마 나바
사리사리 시리시리 소로소로 못쟈못쟈 모다
야 모다야   매다리야 니라간타
가마사 날사남 바라하리 나야 마낙 사바하
싯다야 사바하   마하싯다야 사바하
싯다유예 새바라야 사바하 니라간타야 사바하
바라하 목카 싱하 목카야 사바하
바나마 하따야 사바하 자가라 욕다야 사바하
상카섭나녜 모다나야 사바하
마하라 구타다리야 사바하
바마사간타 이사시체다 가릿나 이나야 사바하
먀가라 잘마 이바사나야 사바하
나모라 다나다라 야야 나막알야 바로기제
새바라야 사바하
나모라 다나다라 야야 나막알야 바로기제
새바라야 사바하
나모라 다나다라 야야 나막알야 바로기제
새바라야 사바하

신묘장구대다라니

나모라 다나다라 야야

나막알약 바로기제 새바라야 모지사다바야

마하사다바야 마하가로니가야

옴 살바 바예수 다라나 가라야

다사명 나막까리다바 이맘알야 바로기제

새바라다바

니라간타 나막하리나야 마발다 이사미

살발타 사다남 수반 아예염

살바 보다남 바바말아 미수다감

다냐타 옴 아로게 아로가 마지로가 지가란제

혜혜하례 마하모지 사다바

사마라 사마라 하리나야

구로구로 갈마 사다야 사다야

도로도로 미연제 마하미연제

다라다라 다린 나례 새바라

자라자라 마라 미마라 아마라 몰제

예혜혜 로계 새바라   라아미사미 나사야

나베 사미사미 나사야
모하자라 미사미 나사야
호로호로 마라호로 하례 바나마 나바
사라사라 시리시리 소로소로 못쟈못쟈 모다
야 모다야   매다리야 니라간타
가마사 날사남 바라하리 나야 마낙 사바하
싯다야 사바하   마하싯다야 사바하
싯다유예 새바라야 사바하 니라간타야 사바하
바라하 목카 싱하 목카야 사바하
바나마 하따야 사바하 자가라 욕다야 사바하
상카섭나네 모다나야 사바하
마하라 구타다리야 사바하
바마사간타 이사시췌다 가릿나 이나야 사바하
먀가라 잘마 이바사나야 사바하
나모라 다나다라 야야 나막알야 바로기제
새바라야 사바하
나모라 다나다라 야야 나막알야 바로기제
새바라야 사바하
나모라 다나다라 야야 나막알야 바로기제
새바라야 사바하

신묘장구대다라니

나모라 다나다라 야야

나막알약 바로기제 새바라야 모지사다바야

마하사다바야 마하가로니가야

옴 살바 바예수 다라나 가라야

다사명 나막까리다바 이맘알야 바로기제
새바라다바

니라간타 나막하리나야 마발다 이사미

살발타 사다남 수반 아예염

살바 보다남 바바말아 미수다감

다냐타 옴 아로게 아로가 마지로가 지가란제

혜혜하례 마하모지 사다바

사마라 사마라 하리나야

구로구로 갈마 사다야 사다야

도로도로 미연제 마하미연제

다라다라 다린 나례 새바라

자라자라 마라 미마라 아마라 몰제

예혜혜 로계 새바라   라아미사미 나사야

나베 사미사미 나사야
모하자라 미사미 나사야
호로호로 마라호로 하례 바나마 나바
사라사라 시리시리 소로소로 못쟈못쟈 모다
야 모다야   매다리야 니라간타
가마사 날사남 바라하리 나아 마낙 사바하
싯다야 사바하   마하싯다야 사바하
싯다유예 새바라야 사바하 니라간타야 사바하
바라하 목카 싱하 목카야 사바하
바나마 하따야 사바하 자가라 욕다야 사바하
상카섭나녜 모다나야 사바하
마하리 구타다라야 사바하
바마사간타 이사시체다 가릿나 이나야 사바하
먀가라 잘마 이바사나야 사바하
나모라 다나다라 야야 나막알야 바로기제
새바라야 사바하
나모라 다나다라 야야 나막알야 바로기제
새바라야 사바하
나모라 다나다라 야야 나막알야 바로기제
새바라야 사바하

신묘장구대다라니

나모라 다나다라 야야

나막알약 바로기제 새바라야 모지사다바야

마하사다바야 마하가로니가야

옴 살바 바예수 다라나 가라야

다사명 나막까리다바 이맘알야 바로기제

새바라다바

니라간타 나막하리나야 마발다 이사미

살발타 사다남 수반 아예염

살바 보다남 바바말아 미수다감

다냐타 옴 아로게 아로가 마지로가 지가란제

혜혜하례 마하모지 사다바

사마라 사마라 하리나야

구로구로 갈마 사다야 사다야

도로도로 미연제 마하미연제

다라다라 다린 나례 새바라

자라자라 마라 미마라 아마라 몰제

예혜혜 로계 새바라 라아미사미 나사야

나베 사미사미 나사야
모하자라 미사미 나사야
호로호로 마라호로 하례 바나마 나바
사라사라 시리시리 소로소로 못쟈못쟈 모다
야 모다야   매다리야 니라간타
가마사 날사남 바라하리 나야 마낙 사바하
싯다야 사바하   마하싯다야 사바하
싯다유예 새바라야 사바하 니라간타야 사바하
바라하 목카 싱하 목카야 사바하
바나마 하따야 사바하 자가라 욕다야 사바하
상카섭나녜 모다나야 사바하
마하라 구타다라야 사바하
바마사간타 이사시체다 가릿나 이나야 사바하
먀가라 잘마 이바사나야 사바하
나모라 다나다라 야야 나막알야 바로기제
새바라야 사바하
나모라 다나다라 야야 나막알야 바로기제
새바라야 사바하
나모라 다나다라 야야 나막알야 바로기제
새바라야 사바하

신묘장구대다라니

나모라 다나다라 야야
나막알약 바로기제 새바라야 모지사다바야
마하사다바야 마하가로니가야
옴 살바 바예수 다라나 가라야
다사명 나막까리다바 이맘알야 바로기제
새바라다바
니라간타 나막하리나야 마발다 이사미
살발타 사다남 수반 아예염
살바 보다남 바바말아 미수다감
다냐타 옴 아로게 아로가 마지로가 지가란제
혜혜하례 마하모지 사다바
사마라 사마라 하리나야
구로구로 갈마 사다야 사다야
도로도로 미연제 마하미연제
다라다라 다린 나례 새바라
자라자라 마라 마마라 아마라 몰제
예혜혜 로계 새바라   라아미사미 나사야

66

나베 사미사미 나사야
모하자라 미사미 나사야
호로호로 마라호로 하례 바나마 나바
사라사라 시리시리 소로소로 못쟈못쟈 모다
야 모다야   매다리야 니라간타
가마사 날사남 바라하라 나야 마낙 사바하
싯다야 사바하   마하싯다야 사바하
싯다유예 새바라야 사바하 니라간타야 사바하
바라하 목카 싱하 목카야 사바하
바나마 하따야 사바하   자가라 욕다야 사바하
상카섭나네 모다나야 사바하
마하라 구타다라야 사바하
바마사간타 이사시쳬다 가릿나 이나야 사바하
먀가라 잘마 이바사나야 사바하
나모라 다나다라 야야 나막알야 바로기제
새바라야 사바하
나모라 다나다라 야야 나막알야 바로기제
새바라야 사바하
나모라 다나다라 야야 나막알야 바로기제
새바라야 사바하

신묘장구대다라니

나모라 다나다라 야야

나막알약 바로기제 새바라야 모지사다바야

마하사다바야 마하가로니가야

옴 살바 바예수 다라나 가리야

다사명 나막까리다바 이맘알야 바로기제

새바라다바

니라간타 나막하리나야 마발다 이사미

살발타 사다남 수반 아예염

살바 보다남 바바말아 미수다감

다냐타 옴 아로게 아로가 마지로가 지가란제

혜혜하례 마하모지 사다바

사마라 사마라 하리나야

구로구로 갈마 사다야 사다야

도로도로 미연제 마하미연제

다라다라 다린 나례 새바라

자라자라 마라 미마라 아마라 몰제

예혜혜 로계 새바라   라아미사미 나사야

나베 사미사미 나사야
모하자라 미사미 나사야
호로호로 마라호로 하례 바나마 나바
사라사라 시리시리 소로소로 못쟈못쟈 모다
야 모다야   매다리야 니라간타
가마사 날사남 바라하라 나야 마낙 사바하
싯다야 사바하   마하싯다야 사바하
싯다유예 새바라야 사바하 니라간타야 사바하
바라하 목카 싱하 목카야 사바하
바나마 하따야 사바하 자가라 욕다야 사바하
샹카섭나네 모다나야 사바하
마하라 구타다라야 사바하
바마사간타 이사시체다 가릿나 이나야 사바하
먀가라 잘마 이바사나야 사바하
나모라 다나다라 야야 나막알야 바로기제
새바라야 사바하
나모라 다나다라 야야 나막알야 바로기제
새바라야 사바하
나모라 다나다라 야야 나막알야 바로기제
새바라야 사바하

신묘장구대다라니

나모라 다나다라 야야

나막알약 바로기제 새바라야 모지사다바야

마하사다바야 마하가로니가야

옴 살바 바예수 다라나 가라야

다사명 나막까리다바 이맘알야 바로기제

새바라다바

니라간타 나막하리나야 마발다 이사미

살발타 사다남 수반 아예염

살바 보다남 바바말아 미수다감

다냐타 옴 아로게 아로가 마지로가 지가란제

혜혜하례 마하모지 사다바

사마라 사마라 하리나야

구로구로 갈마 사다야 사다야

도로도로 미연제 마하미연제

다라다라 다린 나례 새바라

자라자라 마라 미마라 아마라 몰제

예혜혜 로계 새바라   라아미사미 나사야

나베 사미사미 나사야
모하자라 미사미 나사야
호로호로 마라호로 하례 바나마 나바
사라사라 시리시리 소로소로 못쟈못쟈 모다
야 모다야   매다리야 니라간타
가마사 날사남 바라하리 나야 마낙 사바하
싯다야 사바하   마하싯다야 사바하
싯다유예 새바라야 사바하 니리간타야 사바하
바라하 목카 싱하 목카야 사바하
바나마 하따야 사바하 자가라 욕다야 사바하
상카섭나녜 모다나야 사바하
마하라 구타다리야 사바하
바마사간타 이사시체다 가릿나 이나야 사바하
먀가라 잘마 이바사나야 사바하
나모라 다나다라 야야 나막알야 바로기제
새바라야 사바하
나모라 다나다라 야야 나막알야 바로기제
새바라야 사바하
나모라 다나다라 야야 나막알야 바로기제
새바라야 사바하

신묘장구대다라니

나모라 다나다라 야야

나막알약 바로기제 새바라야 모지사다바야

마하사다바야 마하가로니가야

옴 살바 바예수 다라나 가라야

다사명 나막까리다바 이맘알야 바로기제

새바라다바

니라간타 나막하리나야 마발다 이사미

살발타 사다남 수반 아예염

살바 보다남 바바말아 미수다감

다냐타 옴 아로게 아로가 마지로가 지가란제

혜혜하레 마하모지 사다바

사마라 사마라 하리나야

구로구로 갈마 사다야 사다야

도로도로 미연제 마하미연제

다라다라 다린 나례 새바라

자라자라 마라 미마라 아마라 몰제

예혜혜 로계 새바라 라아미사미 나사야

나베 사미사미 나사야
모하자라 미사미 나사야
호로호로 마라호로 하례 바나마 나바
사라사라 시리시리 소로소로 못쟈못쟈 모다
야 모다야   매다리야 니라간타
가마사 날사남 바라하리 나야 마낙 사바하
싯다야 사바하   마하싯다야 사바하
싯다유예 새바라야 사바하 니라간타야 사바하
바라하 목카 싱하 목카야 사바하
바나마 하따야 사바하 자가라 욕다야 사바하
상카섭나녜 모다나야 사바하
마하라 구타다라야 사바하
바마사간타 이사시체다 가릿나 이나야 사바하
먀가라 잘마 이바사나야 사바하
나모라 다나다라 야야 나막알야 바로기제
새바라야 사바하
나모라 다나다라 야야 나막알야 바로기제
새바라야 사바하
나모라 다나다라 야야 나막알야 바로기제
새바라야 사바하

신묘장구대다라니

나모라 다나다라 야야
나막알약 바로기제 새바라야 모지사다바야
마하사다바야 마하가로니가야
옴 살바 바예수 다라나 가라야
다사명 나막까리다바 이맘알야 바로기제
새바라다바
니라간타 나막하리나야 마발다 이사미
살발타 사다남 수반 아예염
살바 보다남 바바말아 미수다감
다냐타 옴 아로계 아로가 마지로가 지가란제
혜혜하례 마하모지 사다바
사마라 사마라 하리나야
구로구로 갈마 사다야 사다야
도로도로 미연제 마하미연제
다라다라 다린 나례 새바라
자라자라 마라 미마라 아마라 몰제
예혜혜 로계 새바라   라아미사미 나사야

나베 사미사미 나사야
모하자라 미사미 나사야
호로호로 마라호로 하례 바나마 나바
사라사라 시리시리 소로소로 못쟈못쟈 모다
야 모다야   매다리야 니라간타
가마사 날사남 바라하리 나야 마낙 사바하
싯다야 사바하   마하싯다야 사바하
싯다유예 새바라야 사바하 니라간타야 사바하
바라하 목카 싱하 목카야 사바하
바나마 하따야 사바하 자가라 욕다야 사바하
상카섭나녜 모다나야 사바하
마하라 구타다라야 사바하
바마사간타 이사시체다 가릿나 이나야 사바하
먀가라 잘마 이바사나야 사바하
나모라 다나다라 야야 나막알야 바로기제
새바라야 사바하
나모라 다나다라 야야 나막알야 바로기제
새바라야 사바하
나모라 다나다라 야야 나막알야 바로기제
새바라야 사바하

신묘장구대다라니

나모라 다나다라 야야

나막알약 바로기제 새바라야 모지사다바야

마하사다바야 마하가로니가야

옴 살바 바예수 다라나 가라야

다사명 나막까리다바 이맘알야 바로기제

새바라다바

니라간타 나막하리나야 마발다 이사미

살발타 사다남 수반 아예염

살바 보다남 바바말아 미수다감

다냐타 옴 아로게 아로가 마지로가 지가란제

혜혜하례 마하모지 사다바

사마라 사마라 하리나야

구로구로 갈마 사다야 사다야

도로도로 미연제 마하미연제

다라다라 다린 나례 새바라

자라자라 마라 미마라 아마라 몰제

예혜혜 로계 새바라   라아미사미 나사야

나베 사미사미 나사야
모하자라 미사미 나사야
호로호로 마라호로 하례 바나마 나바
사라사라 시리시리 소로소로 못쟈못쟈 모다
야 모다야   매다리야 니라간타
가마사 날사남 바라하라 나야 마낙 사바하
싯다야 사바하   마하싯다야 사바하
싯다유예 새바라야 사바하 니라간타야 사바하
바라하 목카 싱하 목카야 사바하
바나마 하따야 사바하   자가라 욕다야 사바하
상카섭나녜 모다나야 사바하
마하라 구타다라야 사바하
바마사간타 이사시체다 가릿나 이나야 사바하
먀가라 잘마 이바사나야 사바하
나모라 다나다라 야야 나막알야 바로기제
새바라야 사바하
나모라 다나다라 야야 나막알야 바로기제
새바라야 사바하
나모라 다나다라 야야 나막알야 바로기제
새바라야 사바하

신묘장구대다라니

나모라 다나다라 야야

나막알약 바로기제 새바라야 모지사다바야

마하사다바야 마하가로니가야

옴 살바 바예수 다라나 가라야

다사명 나막까리다바 이맘알야 바로기제

새바라다바

니라간타 나막하리나야 마발다 이사미

살발타 사다남 수반 아예염

살바 보다남 바바말아 미수다감

다냐타 옴 아로게 아로가 마지로가 지가란제

혜혜하례 마하모지 사다바

사마라 사마라 하리나야

구로구로 갈마 사다야 사다야

도로도로 미연제 마하미연제

다라다라 다린 나례 새바라

자라자라 마라 미마라 아마라 몰제

예혜혜 로계 새바라 라아미사미 나사야

나베 사미사미 나사야
모하자라 미사미 나사야
호로호로 마라호로 하례 바나마 나바
사라사라 시리시리 소로소로 못쟈못쟈 모다
야 모다야 매다리야 니라간타
가마사 날사남 바라하라 나야 마낙 사바하
싯다야 사바하 마하싯다야 사바하
싯다유예 새바라야 사바하 니라간타야 사바하
바라하 목카 싱하 목카야 사바하
바나마 하따야 사바하 자가리 욕다야 사바하
상카섭나네 모다나야 사바하
마하라 구타다리야 사바하
바마사간타 이사시체다 가릿나 이나야 사바하
먀가라 잘마 이바사나야 사바하
나모라 다나다라 야야 나막알야 바로기제
새바라야 사바하
나모라 다나다라 야야 나막알야 바로기제
새바라야 사바하
나모라 다나다라 야야 나막알야 바로기제
새바라야 사바하

신묘장구대다라니

나모라 다나다라 야야

나막알약 바로기제 새바라야 모지사다바야

마하사다바야 마하가로니가야

옴 살바 바예수 다라나 가라야

다사명 나막까리다바 이맘알야 바로기제

새바라다바

니라간타 나막하리나야 마발다 이사미

살발타 사다남 수반 아예염

살바 보다남 바바말아 미수다감

다냐타 옴 아로게 아로가 마지로가 지가란제

혜혜하례 마하모지 사다바

사마라 사마라 하리나야

구로구로 갈마 사다야 사다야

도로도로 미연제 마하미연제

다라다라 다린 나례 새바라

자라자라 마라 미마라 아마라 몰제

예혜혜 로계 새바라   라아미사미 나사야

나베 사미사미 나사야
모하자라 미사미 나사야
호로호로 마라호로 하례 바나마 나바
사라사라 시리시리 소로소로 못쟈못쟈 모다
야 모다야   매다리야 니라간타
가마사 날사남 바라하리 나야 마낙 사바하
싯다야 사바하   마하싯다야 사바하
싯다유예 새바라야 사바하 니라간타야 사바하
바라하 목카 싱하 목카야 사바하
바나마 하따야 사바하 자가라 욕다야 사바하
샹카섭나녜 모다나야 사바하
마하라 구타다라야 사바하
바마사간타 이사시체다 가릿나 이나야 사바하
먀가라 잘마 이바사나야 사바하
나모라 다나다라 야야 나막알야 바로기제
새바라야 사바하
나모라 다나다라 야야 나막알야 바로기제
새바라야 사바하
나모라 다나다라 야야 나막알야 바로기제
새바라야 사바하

신묘장구대다라니

나모라 다나다라 야야

나막알약 바로기제 새바라야 모지사다바야

마하사다바야 마하가로니가야

옴 살바 바예수 다라나 가라야

다사명 나막까리다바 이맘알야 바로기제

새바라다바

니라간타 나막하리나야 마발다 이사미

살발타 사다남 수반 아예염

살바 보다남 바바말아 미수다감

다냐타 옴 아로게 아로가 마지로가 지가란제

혜혜하례 마하모지 사다바

사마라 사마라 하리나야

구로구로 갈마 사다야 사다야

도로도로 미연제 마하미연제

다라다라 다린 나례 새바라

자라자라 마라 미마라 아마라 몰제

예혜혜 로계 새바라   라아미사미 나사야

나베 사미사미 나사야
모하자라 미사미 나사야
호로호로 마라호로 하례 바나마 나바
사라사라 시리시리 소로소로 못쟈못쟈 모다
야 모다야   매다리야 니라간타
가마사 날사남 바라하리 나야 마낙 사바하
싯다야 사바하   마하싯다야 사바하
싯다유예 새바라야 사바하 니라간타야 사바하
바라하 목카 싱하 목카야 사바하
바나마 하따야 사바하 자가라 욕다야 사바하
상카섭나녜 모다나야 사바하
마하라 구타다라야 사바하
바마사간타 이사시쳬다 가릿나 이나야 사바하
먀가라 잘마 이바사나야 사바하
나모라 다나다라 야야 나막알야 바로기제
새바라야 사바하
나모라 다나다라 야야 나막알야 바로기제
새바라야 사바하
나모라 다나다라 야야 나막알야 바로기제
새바라야 사바하

신묘장구대다라니

나모라 다나다라 야야

나막알약 바로기제 새바라야 모지사다바야

마하사다바야 마하가로니가야

옴 살바 바예수 다라나 가라야

다사명 나막까리다바 이맘알야 바로기제
새바라다바

니라간타 나막하리나야 마발다 이사미

살발타 사다남 수반 아예염

살바 보다남 바바말아 미수다감

다냐타 옴 아로게 아로가 마지로가 지가란제

혜혜하례 마하모지 사다바

사마라 사마라 하리나야

구로구로 갈마 사다야 사다야

도로도로 미연제 마하미연제

다라다라 다린 나례 새바라

자라자라 마라 미마라 아마라 몰제

예혜혜 로계 새바라 라아미사미 나사야

나베 사미사미 나사야
모하자라 미사미 나사야
호로호로 마라호로 하례 바나마 나바
사라사라 시리시리 소로소로 못쟈못쟈 모다
야 모다야   매다리야 니라간타
가마사 날사남 바라하리 나야 마낙 사바하
싯다야 사바하   마하싯다야 사바하
싯다유예 새바라야 사바하   니라간타야 사바하
바라하 목카 싱하 목카야 사바하
바나마 하따야 사바하   자가라 욕다야 사바하
상카섭나네 모다나야 사바하
마하라 구타다라야 사바하
바마사간타 이사시체다 가릿나 이나야 사바하
먀가라 잘마 이바사나야 사바하
나모라 다나다라 야야 나막알야 바로기제
새바라야 사바하
나모라 다나다라 야야 나막알야 바로기제
새바라야 사바하
나모라 다나다라 야야 나막알야 바로기제
새바라야 사바하

신묘장구대다라니

나모라 다나다라 야야

나막알약 바로기제 새바라야 모지사다바야

마하사다바야 마하가로니가야

옴 살바 바예수 다라나 가라야

다사명 나막까리다바 이맘알야 바로기제

새바라다바

니라간타 나막하리나야 마발다 이사미

살발타 사다남 수반 아예염

살바 보다남 바바말아 미수다감

다냐타 옴 아로게 아로가 마지로가 지가란제

혜혜하례 마하모지 사다바

사마라 사마라 하리나야

구로구로 갈마 사다야 사다야

도로도로 미연제 마하미연제

다라다라 다린 나례 새바라

자라자라 마라 미마라 아마라 몰제

예혜혜 로계 새바라   라아미사미 나사야

나베 사미사미 나사야
모하자라 미사미 나사야
호로호로 마라호로 하례 바나마 나바
사라사라 시리시리 소로소로 못쟈못쟈 모다
야 모다야 매다리야 니라간타
가마사 날사남 바라하라 나야 마낙 사바하
싯다야 사바하 마하싯다야 사바하
싯다유예 새바라야 사바하 니라간타야 사바하
바라하 목카 싱하 목카야 사바하
바나마 하따야 사바하 자가라 욕다야 사바하
상카섭나녜 모다나야 사바하
마하라 구타다라야 사바하
바마사간타 이사시체다 가릿나 이나야 사바하
먀가라 잘마 이바사나야 사바하
나모라 다나다라 야야 나막알야 바로기제
새바라야 사바하
나모라 다나다라 야야 나막알야 바로기제
새바라야 사바하
나모라 다나다라 야야 나막알야 바로기제
새바라야 사바하

신묘장구대다라니

나모라 다나다라 야야

나막알약 바로기제 새바라야 모지사다바야

마하사다바야 마하가로니가야

옴 살바 바예수 다라나 가라야

다사명 나막까리다바 이맘알야 바로기제

새바라다바

니라간타 나막하리나야 마발다 이사미

살발타 사다남 수반 아예염

살바 보다남 바바말아 미수다감

다냐타 옴 아로계 아로가 마지로가 지가란제

혜혜하례 마하모지 사다바

사마라 사마라 하리나야

구로구로 갈마 사다야 사다야

도로도로 미연제 마하미연제

다라다라 다린 나례 새바라

자라자라 마라 미마라 아마라 몰제

예혜혜 로계 새바라   라아미사미 나사야

나베 사미사미 나사야
모하자라 미사미 나사야
호로호로 마라호로 하례 바나마 나바
사라사라 시리시리 소로소로 못쟈못쟈 모다
야 모다야 매다리야 니라간타
가마사 날사남 바라하라 나야 마낙 사바하
싯다야 사바하 마하싯다야 사바하
싯다유예 새바라야 사바하 니라간타야 사바하
바라하 목카 싱하 목카야 사바하
바나마 하따야 사바하 자가라 욕다야 사바하
상카섭나네 모다나야 사바하
마하라 구타다라야 사바하
바마사간타 이사시체다 가릿나 이나야 사바하
먀가라 잘마 이바사나야 사바하
나모라 다나다라 야야 나막알야 바로기제
새바라야 사바하
나모라 다나다라 야야 나막알야 바로기제
새바라야 사바하
나모라 다나다라 야야 나막알야 바로기제
새바라야 사바하

신묘장구대다라니

나모라 다나다라 야야

나막알약 바로기제 새바라야 모지사다바야

마하사다바야 마하가로니가야

옴 살바 바예수 다라나 가라야

다사명 나막까리다바 이맘알야 바로기제

새바라다바

니라간타 나막하리나야 마발다 이사미

살발타 사다남 수반 아예염

살바 보다남 바바말아 미수다감

다냐타 옴 아로게 아로가 마지로가 지가란제

혜혜하례 마하모지 사다바

사마라 사마라 하리나야

구로구로 갈마 사다야 사다야

도로도로 미연제 마하미연제

다라다라 다린 나례 새바라

자라자라 마라 미마라 아마라 몰제

예혜혜 로계 새바라 라아미사미 나사야

나베 사미사미 나사야
모하자라 미사미 나사야
호로호로 마라호로 하례 바나마 나바
사라사라 시리시리 소로소로 못쟈못쟈 모다
야 모다야 매다리야 니라간타
가마사 날사남 바라하라 나야 마낙 사바하
싯다야 사바하 마하싯다야 사바하
싯다유예 새바라야 사바하 니라간타야 사바하
바라하 목카 싱하 목카야 사바하
바나마 하따야 사바하 자가라 욕다야 사바하
상카섭나녜 모다나야 사바하
마하라 구타다라야 사바하
바마사간타 이사시체다 가릿나 이나야 사바하
먀가라 잘마 이바사나야 사바하
나모라 다나다라 야야 나막알야 바로기제
새바라야 사바하
나모라 다나다라 야야 나막알야 바로기제
새바라야 사바하
나모라 다나다라 야야 나막알야 바로기제
새바라야 사바하

신묘장구대다라니

나모라 다나다라 야야

나막알약 바로기제 새바라야 모지사다바야

마하사다바야 마하가로니가야

옴 살바 바예수 다라나 가라야

다사명 나막까리다바 이맘알야 바로기제

새바라다바

니라간타 나막하리나야 마발다 이사미

살발타 사다남 수반 아예염

살바 보다남 바바말아 미수다감

다냐타 옴 아로게 아로가 마지로가 지가란제

혜혜하례 마하모지 사다바

사마라 사마라 하리나야

구로구로 갈마 사다야 사다야

도로도로 미연제 마하미연제

다라다라 다린 나례 새바라

자라자라 마라 미마라 아마라 몰제

예혜혜 로계 새바라   라아미사미 나사야

나베 사미사미 나사야
모하자라 미사미 나사야
호로호로 마라호로 하례 바나마 나바
사라사라 시리시리 소로소로 못쟈못쟈 모다
야 모다야 매다리야 니라간타
가마사 날사남 바라하리 나야 마낙 사바하
싯다야 사바하 마하싯다야 사바하
싯다유예 새바라야 사바하 니라간타야 사바하
바라하 목카 싱하 목카야 사바하
바나마 하따야 사바하 자가라 욕다야 사바하
상카섭나녜 모다나야 사바하
마하라 구타다라야 사바하
바마사간타 이사시췌다 가릿나 이나야 사바하
먀가라 잘마 이바사나야 사바하
나모라 다나다라 야야 나막알야 바로기제
새바라야 사바하
나모라 다나다라 야야 나막알야 바로기제
새바라야 사바하
나모라 다나다라 야야 나막알야 바로기제
새바라야 사바하

신묘장구대다라니

나모라 다나다라 야야

나막알약 바로기제 새바라야 모지사다바야

마하사다바야 마하가로니가야

옴 살바 바예수 다라나 가라야

다사명 나막까리다바 이맘알야 바로기제

새바라다바

니라간타 나막하리나야 마발다 이사미

살발타 사다남 수반 아예염

살바 보다남 바바말아 미수다감

다냐타 옴 아로계 아로가 마지로가 지가란제

혜혜하례 마하모지 사다바

사마라 사마라 하리나야

구로구로 갈마 사다야 사다야

도로도로 미연제 마하미연제

다라다라 다린 나례 새바라

자라자라 마라 미마라 아마라 몰제

예혜혜 로계 새바라   라아미사미 나사야

나베 사미사미 나사야
모하자라 미사미 나사야
호로호로 마라호로 하례 바나마 나바
사라사라 시리시리 소로소로 못쟈못쟈 모다
야 모다야   매다리야 니라간타
가마사 날사남 바라하리 나야 마낙 사바하
싯다야 사바하   마하싯다야 사바하
싯다유예 새바라야 사바하 니라간타야 사바하
바라하 목카 싱하 목카야 사바하
바나마 하따야 사바하 자가리 욕다야 사바하
상카섭나네 모다나야 사바하
마하라 구타다라야 사바하
바마사간타 이사시체다 가릿나 이나야 사바하
먀가리 잘마 이바사나야 사바하
나모라 다나다라 야야 나막알야 바로기제
새바라야 사바하
나모라 다나다라 야야 나막알야 바로기제
새바라야 사바하
나모라 다나다라 야야 나막알야 바로기제
새바라야 사바하

신묘장구대다라니

나모라 다나다라 야야

나막알약 바로기제 새바라야 모지사다바야

마하사다바야 마하가로니가야

옴 살바 바예수 다라나 가라야

다사명 나막까리다바 이맘알야 바로기제
새바라다바

니라간타 나막하리나야 마발다 이사미

살발타 사다남 수반 아예염

살바 보다남 바바말아 미수다감

다냐타 옴 아로게 아로가 마지로가 지가란제

혜혜하례 마하모지 사다바

사마라 사마라 하리나야

구로구로 갈마 사다야 사다야

도로도로 미연제 마하미연제

다라다라 다린 나례 새바라

자라자라 마라 미마라 아마라 몰제

예혜혜 로계 새바라   라아미사미 나사야

나베 사미사미 나사야
모하자라 미사미 나사야
호로호로 마라호로 하례 바나마 나바
사라사라 시리시리 소로소로 못쟈못쟈 모다
야 모다야   매다리야 니라간타
가마사 날사남 바라하라 나야 마낙 사바하
싯다야 사바하   마하싯다야 사바하
싯다유예 새바라야 사바하 니라간타야 사바하
바라하 목카 싱하 목카야 사바하
바나마 하따야 사바하 자가리 욕다야 사바하
상카섭나녜 모다나야 사바하
마하리 구타다리야 사바하
바마사간타 이사시췌다 가릿나 이나야 사바하
먀가리 잘마 이바사나야 사바하
나모라 다나다라 야야 나막알야 바로기제
새바라야 사바하
나모라 다나다라 야야 나막알야 바로기제
새바라야 사바하
나모라 다나다라 야야 나막알야 바로기제
새바라야 사바하

신묘장구대다라니

나모라 다나다라 야야

나막알약 바로기제 새바라야 모지사다바야

마하사다바야 마하가로니가야

옴 살바 바예수 다라나 가라야

다사명 나막까리다바 이맘알야 바로기제

새바라다바

니라간타 나막하리나야 마발다 이사미

살발타 사다남 수반 아예염

살바 보다남 바바말아 미수다감

다냐타 옴 아로게 아로가 마지로가 지가란제

혜혜하례 마하모지 사다바

사마라 사마라 하리나야

구로구로 갈마 사다야 사다야

도로도로 미연제 마하미연제

다라다라 다린 나례 새바라

자라자라 마라 미마라 아마라 몰제

예혜혜 로계 새바라   라아미사미 나사야

나베 사미사미 나사야
모하자라 미사미 나사야
호로호로 마라호로 하례 바나마 나바
사라사라 시리시리 소로소로 못쟈못쟈 모다
야 모다야   매다리야 니라간타
가마사 날사남 바라하리 나야 마낙 사바하
싯다야 사바하   마하싯다야 사바하
싯다유예 새바라야 사바하 니라간타야 사바하
바라하 목카 싱하 목카야 사바하
바나마 하따야 사바하   자가라 욕다야 사바하
상카섭나네 모다나야 사바하
마하라 구타다라야 사바하
바마사간타 이사시체다 가릿나 이나야 사바하
먀가라 잘마 이바사나야 사바하
나모라 다나다라 야야 나막알야 바로기제
새바라야 사바하
나모라 다나다라 야야 나막알야 바로기제
새바라야 사바하
나모라 다나다라 야야 나막알야 바로기제
새바라야 사바하

신묘장구대다라니

나모라 다나다라 야야

나막알약 바로기제 새바라야 모지사다바야

마하사다바야 마하가로니가야

옴 살바 바예수 다라나 가라야

다사명 나막까리다바 이맘알야 바로기제

새바라다바

니라간타 나막하리나야 마발다 이사미

살발타 사다남 수반 아예염

살바 보다남 바바말아 미수다감

다냐타 옴 아로게 아로가 마지로가 지가란제

혜혜하례 마하모지 사다바

사마라 사마라 하리나야

구로구로 갈마 사다야 사다야

도로도로 미연제 마하미연제

다라다라 다린 나례 새바라

자라자라 마라 미마라 아마라 몰제

예혜혜 로계 새바라   라아미사미 나사야

나베 사미사미 나사야
모하자라 미사미 나사야
호로호로 마라호로 하례 바나마 나바
사라사라 시리시리 소로소로 못쟈못쟈 모다
야 모다야   매다리야 니라간타
가마사 날사남 바라하라 나야 마낙 사바하
싯다야 사바하   마하싯다야 사바하
싯다유예 새바라야 사바하   니라간타야 사바하
바라하 목카 싱하 목카야 사바하
바나마 하따야 사바하   자가라 욕다야 사바하
상카섭나녜 모다나야 사바하
마하라 구타다라야 사바하
바마사간타 이사시체다 가릿나 이나야 사바하
먀가라 잘마 이바사나야 사바하
나모라 다나다라 야야 나막알야 바로기제
새바라야 사바하
나모라 다나다라 야야 나막알야 바로기제
새바라야 사바하
나모라 다나다라 야야 나막알야 바로기제
새바라야 사바하

신묘장구대다라니

나모라 다나다라 야야

나막알약 바로기제 새바라야 모지사다바야

마하사다바야 마하가로니가야

옴 살바 바예수 다라나 가라야

다사명 나막까리다바 이맘알야 바로기제
새바라다바

니라간타 나막하리나야 마발다 이사미

살발타 사다남 수반 아예염

살바 보다남 바바말아 미수다감

다냐타 옴 아로게 아로가 마지로가 지가란제

혜혜하례 마하모지 사다바

사마라 사마라 하리나야

구로구로 갈마 사다야 사다야

도로도로 미연제 마하미연제

다라다라 다린 나례 새바라

자라자라 마라 미마라 아마라 몰제

예혜혜 로제 새바라 라아미사미 나사야

나베 사미사미 나사야
모하자리 미사미 나사야
호로호로 마라호로 하례 바나마 나바
사라사라 시리시리 소로소로 못쟈못쟈 모다
야 모다야 매다리야 니라간타
가마사 날사남 바라하리 나야 마낙 사바하
싯다야 사바하 마하싯다야 사바하
싯다유예 새바라야 사바하 니라간타야 사바하
바라하 목카 싱하 목카야 사바하
바나마 하따야 사바하 자가라 욕다야 사바하
상카섭나녜 모다나야 사바하
마하라 구타다라야 사바하
바마사간타 이사시췌다 가릿나 이나야 사바하
먀가라 잘마 이바사나야 사바하
나모라 다나다라 야야 나막알야 바로기제
새바라야 사바하
나모라 다나다라 야야 나막알야 바로기제
새바라야 사바하
나모라 다나다라 야야 나막알야 바로기제
새바라야 사바하

신묘장구대다라니

나모라 다나다라 야야

나막알약 바로기제 새바라야 모지사다바야

마하사다바야 마하가로니가야

옴 살바 바예수 다라나 가라야

다사명 나막까리다바 이맘알야 바로기제

새바라다바

니라간타 나막하리나야 마발다 이사미

살발타 사다남 수반 아예염

살바 보다남 바바말아 미수다감

다냐타 옴 아로게 아로가 마지로가 지가란제

혜혜하례 마하모지 사다바

사마라 사마라 하리나야

구로구로 갈마 사다야 사다야

도로도로 미연제 마하미연제

다라다라 다린 나례 새바라

자라자라 마라 미마라 아마라 몰제

예혜혜 로계 새바라   라아미사미 나사야

나베 사미사미 나사야
모하자라 미사미 나사야
호로호로 마라호로 하례 바나마 나바
사라사라 시리시리 소로소로 못쟈못쟈 모다
야 모다야   매다리야 니라간타
가마사 날사남 바라하라 나야 마낙 사바하
싯다야 사바하   마하싯다야 사바하
싯다유예 새바라야 사바하 니라간타야 사바하
바라하 목카 싱하 목카야 사바하
바나마 하따야 사바하   자가라 욕다야 사바하
상카섭나녜 모다나야 사바하
마하라 구타다라야 사바하
바마사간타 이사시체다 가릿나 이나야 사바하
먀가라 잘마 이바사나야 사바하
나모라 다나다라 야야 나막알야 바로기제
새바라야 사바하
나모라 다나다라 야야 나막알야 바로기제
새바라야 사바하
나모라 다나다라 야야 나막알야 바로기제
새바라야 사바하

신묘장구대다라니

나모라 다나다라 야야

나막알약 바로기제 새바라야 모지사다바야

마하사다바야 마하가로니가야

옴 살바 바예수 다라나 가라야

다사명 나막까리다바 이맘알야 바로기제

새바라다바

니라간타 나막하리나야 마발다 이사미

살발타 사다남 수반 아예염

살바 보다남 바바말아 미수다감

다냐타 옴 아로게 아로가 마지로가 지가란제

혜혜하례 마하모지 사다바

사마라 사마라 하리나야

구로구로 갈마 사다야 사다야

도로도로 미연제 마하미연제

다라다라 다린 나례 새바라

자라자라 마라 미마라 아마라 몰제

예혜혜 로계 새바라   라아미사미 나사야

나베 사미사미 나사야
모하자라 미사미 나사야
호로호로 마라호로 하례 바나마 나바
사라사라 시리시리 소로소로 못쟈못쟈 모다
야 모다야   매다리야 니라간타
가마사 날사남 바라하라 나야 마낙 사바하
싯다야 사바하   마하싯다야 사바하
싯다유예 새바라야 사바하   니라간타야 사바하
바라하 목카 싱하 목카야 사바하
바나마 하따야 사바하   자가라 욕다야 사바하
상카섭나녜 모다나야 사바하
마하라 구타다라야 사바하
바마사간타 이사시체다 가릿나 이나야 사바하
먀가라 잘마 이바사나야 사바하
나모라 다나다라 야야 나막알야 바로기제
새바라야 사바하
나모라 다나다라 야야 나막알야 바로기제
새바라야 사바하
나모라 다나다라 야야 나막알야 바로기제
새바라야 사바하

신묘장구대다라니

나모라 다나다라 야야

나막알약 바로기제 새바라야 모지사다바야

마하사다바야 마하가로니가야

옴 살바 바예수 다라나 가라야

다사명 나막까리다바 이맘알야 바로기제
새바라다바

니라간타 나막하리나야 마발다 이사미

살발타 사다남 수반 아예염

살바 보다남 바바말아 미수다감

다냐타 옴 아로계 아로가 마지로가 지가란제

혜혜하례 마하모지 사다바

사마라 사마라 하리나야

구로구로 갈마 사다야 사다야

도로도로 미연제 마하미연제

다라다라 다린 나례 새바라

자라자라 마라 미마라 아마라 몰제

예혜혜 로계 새바라   라아미사미 나사야

나베 사미사미 나사야
모하자라 미사미 나사야
호로호로 마라호로 하레 바나마 나바
사라사라 시리시리 소로소로 못쟈못쟈 모다
야 모다야 매다리야 니라간타
가마사 날사남 바라하리 나야 마낙 사바하
싯다야 사바하 마하싯다야 사바하
싯다유예 새바라야 사바하 니라간타야 사바하
바라하 목카 싱하 목카야 사바하
바나마 하따야 사바하 자가라 욕다야 사바하
상카섭나네 모다나야 사바하
마하라 구타다라야 사바하
바마사간타 이사시체다 가릿나 이나야 사바하
먀가라 잘마 이바사나야 사바하
나모라 다나다리 야야 나막알야 바로기제
새바라야 사바하
나모라 다나다리 야야 나막알야 바로기제
새바라야 사바하
나모라 다나다리 야야 나막알야 바로기제
새바라야 사바하

신묘장구대다라니 기도법 / 우룡스님·김현준　신국판　208쪽　7,000원

신묘장구대다라니를 외우면 생겨나는 가피와 공덕, 기도의 방법과 주의할 점, 우룡스님이 들려주는 14편의 영험담, 대다라니의 근본 경전인 『무애대비심다라니경』을 수록하고 있는 이 책을 읽고 자신 있게 기도하면 심중 소원의 성취와 기적 같은 체험도 할 수 있습니다.

관음신앙·관음기도법 / 김현준　　　신국판　240쪽　9,000원

관세음보살의 구원 능력, 주요 경전 속의 관음관, 11면관음·천수관음·32응신·33관음 등 자비관음의 여러 가지 모습, 일심칭명 일념염불의 관음기도법, 독경사경 기도법, 다라니 염송 기도법 등을 자세하고도 알기 쉽게 풀이하였습니다.

생활 속의 천수경 (개정판) / 김현준　　　신국판　240쪽　9,000원

천수관음이 출현하신 까닭, 천수관음을 청하는 법과 가피를 얻는 법, 신묘장구대다라니의 풀이와 공덕, 찬탄의 공덕과 참회성취의 비결, 준제기도 및 주요 진언 속에 깃든 의미, 여래십대발원문 사홍서원 삼귀의 의미 등을 상세히 풀이하였습니다.

신묘장구대다라니 사경

초　판　1쇄 펴낸날　2012년　1월　16일
　　　　43쇄 펴낸날　2025년　3월　27일

엮은이　김현준
펴낸이　김연수
펴낸곳　새벽숲
등록일　2009년 12월 28일 (제 321-2009-000242호)
주　소　서울특별시 서초구 반포대로14길 30, 906호 (서초동, 센츄리Ⅰ)
전　화　02-582-6612, 587-6612
팩　스　02-586-9078
이메일　hyorim@nate.com

값 5,000원

ⓒ새벽숲 2012
ISBN 978-89-965088-7-8 13220

표지 사진 : 문성스님의 천수관음도 (성보문화재연구원 제공)
새벽숲은 효림출판사의 자매회사입니다 (새벽숲은 曉林의 한글풀이).